LILI

Appris

FICHA TÉCNICA

EDITORIAL Augusto V. de A. Coelho
Marli Caetano
Sara C. de Andrade Coelho

COMITÊ EDITORIAL Andréa Barbosa Gouveia (UFPR)
Jacques de Lima Ferreira (UP)
Marilda Aparecida Behrens (PUCPR)
Ana El Achkar (UNIVERSO/RJ)
Conrado Moreira Mendes (PUC-MG)
Eliete Correia dos Santos (UEPB)
Fabiano Santos (UERJ/IESP)
Francinete Fernandes de Sousa (UEPB)
Francisco Carlos Duarte (PUCPR)
Francisco de Assis (Fiam-Faam, SP, Brasil)
Juliana Reichert Assunção Tonelli (UEL)
Maria Aparecida Barbosa (USP)
Maria Helena Zamora (PUC-Rio)
Maria Margarida de Andrade (Umack)
Roque Ismael da Costa Güllich (UFFS)
Toni Reis (UFPR)
Valdomiro de Oliveira (UFPR)
Valério Brusamolin (IFPR)

ASSESSORIA EDITORIAL Alana Cabral

REVISÃO Andrea Bassoto Gatto

PRODUÇÃO EDITORIAL Lucas Andrade

DIAGRAMAÇÃO Daniela Baumguertner

CAPA Fernando Nishijima

COMUNICAÇÃO Carlos Eduardo Pereira
Débora Nazário
Karla Pipolo Olegário

LIVRARIAS E EVENTOS Estevão Misael

Para as crianças, os poetas e os artistas:
minha canção.
Para os professores, os amigos e a família:
gratidão.
Para os que se alimentam de ódio:
compaixão.

Lá vai ela pela vida... cantarolando, saltitando, observando...
Lá vai Lili percebendo, com menos altivez e mais atenção, o sentido
íntimo da palavra família... do infinito contido no universo do amor...
e da extensão colorida da diversidade.

Em poema narrativo, cheio de graça, a autora vai desvendando,
refletindo e registrando seu olhar inocente, complacente e reticente,
da mesma forma que requer uma brincadeira de criança.

Lá vai Lili pela vida... Vai contente vendo gente como a gente, entre
ruas, escola, casa e mundos diferentes... E Lili se vê também, linda
como é, sem preconceito, sem medo, somente com puro amor. E
como num gostoso esconde-esconde e acha-acha, a história corre
pra lá e pra cá, trazendo e levando em suas entrelinhas a esperança
de um mundo mais sensível, respeitável e melhor.

Corre, Lili, corre!

Andréa Franklin Queiroz Alves
Ilustradora de Lili

LILI NA RUA
LILI NA ESCOLA
BRINCA, JOGA BOLA
LILI TEM UM GATO,
UM CACHORRO DE PELÚCIA,
UM PAPAGAIO.
E MORA EM UM APARTAMENTO PEQUENO.
QUANDO CHOVE,
LILI TEM MEDO DE RAIO.

ELA ESTUDA INGLÊS, MATEMÁTICA, FRANCÊS
MAS GOSTA MESMO É DE DESENHO E PORTUGUÊS

LILI TEM AMIGAS PARA CONVERSAR,
VIZINHOS PARA VISITAR,
TIOS E PRIMOS PARA AMAR.
LILI É GENTIL, EDUCADA
ALEGRE, ANIMADA.

NÃO EXISTE DIFERENÇA
QUANDO O ASSUNTO É AMOR:
SE LILI TEM DUAS MÃES,
DOIS PAIS:
QUE PROBLEMAS ISSO TRAZ?

Um pai... mãe
ou uma avó e ninguém mais.
O que importa ao coração
é gostarem de tudo nela
sem nenhuma modificação.

Sua família, sua história
assim gira a sua vida
e a sua trajetória.
Lili é perfeita
em sua dignidade.

VÊ MENINAS DE MÃOS DADAS
NA RUA, NO SHOPPING, NA ESCOLA
DUAS MOÇAS ABRAÇADAS,
ADULTOS TENTANDO ESCONDER
E ELA QUERIA SABER POR QUÊ.

NA PORTA DO TEATRO, DO CINEMA
NA CANTINA DO BAIRRO,
NA LOJA DA ESQUINA,
QUANDO VEEM ESSA CENA,
DE MENINAS, LOGO QUEREM
DESVIAR SUA ATENÇÃO:
"OLHA AQUELE CARRO",
"O QUE TEM HOJE PARA A
NOSSA REFEIÇÃO?".

Lili estranha, mas não diz nada,
para não criar confusão...
Estranha ocultarem algo
que não faz mal, nem é agressão...
É gesto de carinho,
contido na palma da mão.

NESTA JORNADA PELO PLANETA,
CADA UM DESCOBRE DE QUEM GOSTAR
DESDE SEMPRE, SIM SENHOR.
PARA SEMPRE, NÃO SENHOR!

JOÃO CASA-SE COM JOSÉ.
LUCIANA E CESAR TÊM UM BEBÊ.
MARIA E GILBERTA SÃO NAMORADAS.
JULIO E RICARDO ADOTAM CAUÊ.

SÃO CORES
DO AMOR
COMO ELE É
OU PODE SER.
É O MUNDO
COMO VOCÊ VÊ:
FAZ PARTE DO SEU SABER.

SER LIVRE PARA AMAR
NO MASCULINO OU NO FEMININO
É MUITO PECULIAR.

PECULIAR A CADA INDIVÍDUO
PECULIAR A CADA MENTE,
A CADA INCRÍVEL MANEIRA
DE PENSAR E SENTIR-SE GENTE.

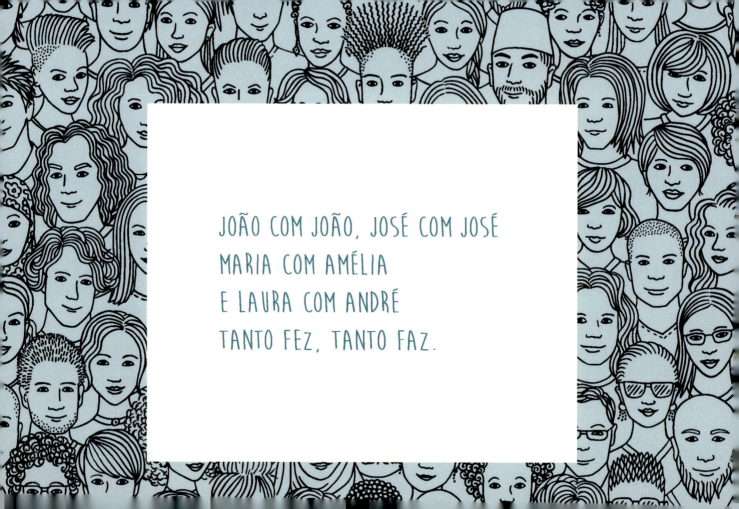

JOÃO COM JOÃO, JOSÉ COM JOSÉ
MARIA COM AMÉLIA
E LAURA COM ANDRÉ
TANTO FEZ, TANTO FAZ.

O IMPORTANTE É
QUE A MENTIRA
DO PRECONCEITO
NÃO SE ELEVE MAIS.
MAIS. MAIS.

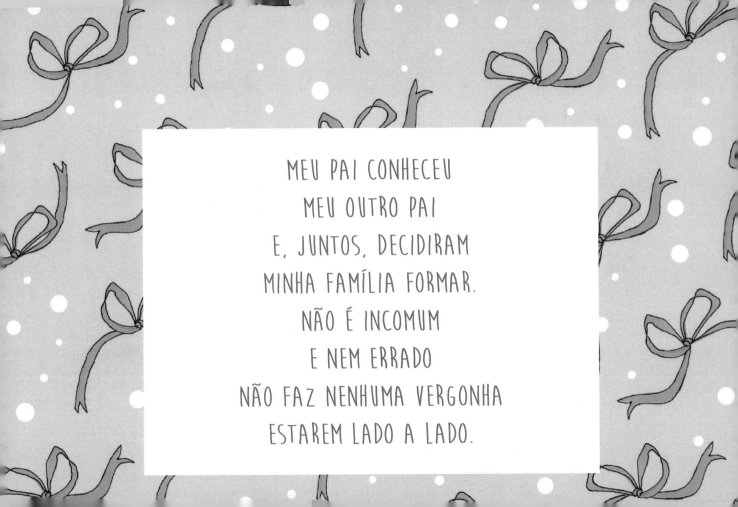

MEU PAI CONHECEU
MEU OUTRO PAI
E, JUNTOS, DECIDIRAM
MINHA FAMÍLIA FORMAR.
NÃO É INCOMUM
E NEM ERRADO
NÃO FAZ NENHUMA VERGONHA
ESTAREM LADO A LADO.

SER LIVRE PARA AMAR
NO MASCULINO OU FEMININO
É MUITO PECULIAR.

NÃO SEI QUEM MAIS AMO,
SE JOÃO OU JOSÉ
SOU ÍNTEGRA, SOU FELIZ,
ASSIM MINHA VIDA É:
GOSTAR E PRONTO!
ALGUNS TÊM AMIGO DO PEITO
OUTROS TÊM PAI OU MÃE
ALGUNS TÊM NAMORADA,
OUTROS TÊM IRMÃO.

NESTA JORNADA PELO PLANETA,
CADA UM DESCOBRE DE QUEM GOSTAR
DESDE SEMPRE, SIM SENHOR
PARA SEMPRE, NÃO SENHOR!

PAIXÃO, AMOR, AMIZADE,
ESTIMA, AFINIDADE,
SENTIMENTOS IRMÃOS
VONTADE DO OUTRO,
DE ALGO QUE NÃO SOU EU.
PELA SIMPLES COMPANHIA,
PELO OLHAR QUE ME PRENDEU.

QUERO ESTAR PERTO
PERTO DO MEU AMIGO
PERTO DO MEU AMADO
PERTO DO MEU IRMÃO...
NÃO IMPORTA:
HOMEM, MULHER,
AVÔ OU PATRÃO.

LAÇOS DE QUERER BEM,
QUERER PERTO,
ASSIM... DE PEITO ABERTO.

NESTA JORNADA PELO PLANETA,
CADA QUAL DESCOBRE DE QUEM GOSTAR
DESDE SEMPRE, SIM SENHOR
PARA SEMPRE, NÃO SENHOR!

USE TODAS AS CORES DA SUA CAIXINHA DE LÁPIS PARA DESENHAR SUA FAMÍLIA!

MUNDO SEMICONSTANTE EM SUA ROTAÇÃO
BOLA QUENTE QUE ESFRIA ANO A ANO,
A CADA ESTAÇÃO
BOLA BOIANTE NO ESPAÇO
TERRA DE GENTE, PLANTA, GADO
TERRA DE QUEM SABE POUCO
OU QUASE NADA
DA VIDA, DA EXISTÊNCIA, DA JORNADA...

ALGUMAS SITUAÇÕES DISCUTÍVEIS...
... OUTRAS TOTALMENTE PLAUSÍVEIS:
POR QUE UM HOMEM NÃO PODE
GOSTAR DE OUTRO HOMEM
SEM SOFRER DISCRIMINAÇÃO?

SOU LILI,
MINHA FAMÍLIA É DIFERENTE...
FALEMOS DE FAMÍLIAS DIFERENTES...
SÓ A MÃE CUIDANDO DOS FILHOS
OU DOIS PAIS E MÃE NENHUMA...

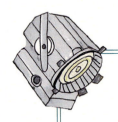
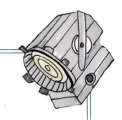

FALEMOS DOS DIREITOS DAS CRIANÇAS,
DO QUE ELAS REALMENTE QUEREM,
DO QUE ELAS REALMENTE RECEBEM.

FALEMOS DOS ADULTOS...
FALEMOS DO QUE PARECE PROIBIDO,
FALEMOS, FALEMOS, FALEMOS...
PARA QUE TUDO FAÇA SENTIDO.

SER LIVRE PARA AMAR
NO MASCULINO OU FEMININO
É MUITO PECULIAR.

COMO PODE O CARINHO
POR UM COLEGA OU IRMÃO
INSPIRAR ÓDIO, REPULSA,
PRECONCEITO, AVERSÃO?

PEQUENEZAS DA ALMA
SOPRADAS PARA BEM LONGE,
CADA UM SEGUE SEU CURSO,
SEU CAMINHO,
SEU TRAÇADO:
AMOR NÃO PODE
SER REGULAMENTADO

DRUMMOND DEIXOU AVISADO:
"FOGE A DICIONÁRIOS
E A REGULAMENTOS VÁRIOS".

SOU LILI.
MINHA FAMÍLIA É DIFERENTE:
TENHO DOIS PAIS, MÃE NENHUMA.
EU SEI QUE SOU ADOTADA.
FUI ESCOLHIDA
E SOU MUITO AMADA
COZINHAM MINHA COMIDA,
CHAMAM MINHA ATENÇÃO,
ME CARREGAM NO COLO
BRINCAM E EDUCAM-ME
COM O CORAÇÃO.

O QUE ME CHOCA DE VERDADE,
É QUE NO MUNDO DA TELEVISÃO
MATAM POR BANALIDADES
E NINGUÉM SE ABORRECE NÃO...
ADULTOS...
ACHO QUE AMAM POUCO.
NÃO ENXERGAM O PRÓPRIO MUNDO...
O AMIGO, O IRMÃO.

NÃO ENXERGAM
QUE O MAL DO OUTRO
PODE TIRAR-LHES A RAZÃO

MAL É QUERER QUE TODO MUNDO SEJA
IGUAL,
FILOSOFARAM KANT E HANNAH ARENDT
É TOTAL, É EXTREMO, É RADICAL...
O MAL.
O MAL PODE NÃO TER DOIS CHIFRES,
UM TRIDENTE,
UM RABÃO.
ISSO TALVEZ SEJA
APENAS IMAGINAÇÃO...

MAS QUEM VIVEU VIU
OU QUEM LEU
OU QUEM OUVIU
SENTIU.
O MAL TOTALITÁRIO
INTOLERANTE
ARBITRÁRIO
ESPALHANDO DESAFETO.

CONDENANDO À FOGUEIRA,
MULHERES VERDADEIRAS.
PERSEGUINDO...
LEVANDO HOMENS E CRIANÇAS
AOS CAMPOS DE CONCENTRAÇÃO.

SEPARANDO PESSOAS POR COR, RAÇA,
CREDO, RELIGIÃO...
NOMES MAIS SANGRENTOS
QUE DIABO, DEMÔNIO OU ASSOMBRAÇÃO:
GUERRA, HOLOCAUSTO, INQUISIÇÃO,
HOMENS BOMBA, APARTHEID, FACÇÃO.

SÃO TANTAS E INÚMERAS VIOLÊNCIAS...
É PRECISO ENCONTRAR UM CULPADO.
MAS... MAIS FÁCIL QUE ADMITIR
QUE O SER HUMANO ESTÁ ERRADO,
É BOTAR A CULPA NO DIABO.

EU SOU LILI!
CARREGO NA ALMA O VERBO RASGADO,
VOZES DE MUITOS AMIGOS:
JOÃO, JOSÉ, HELENA, RICARDO.
E ATÉ VOCÊ SE SE SENTIR REPRESENTADO.